まちごとインド

ニュー・デリー

North India 004 New Delhi

15億人へ向かう
インドの「首都」

नई दिल्ली

Asia City Guide Production

【白地図】北インド

INDIA
北インド

【白地図】デリー

INDIA
北インド

デリー

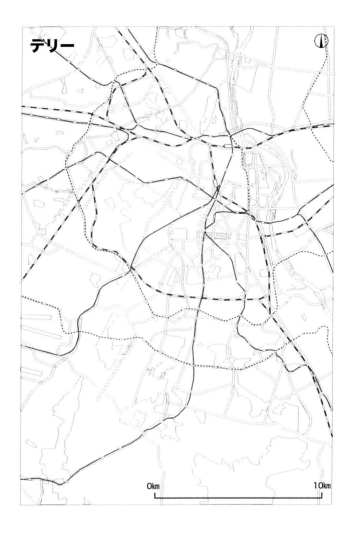

New Delhi 白地図

0km　　　10km

【白地図】ニューデリー

INDIA
北インド

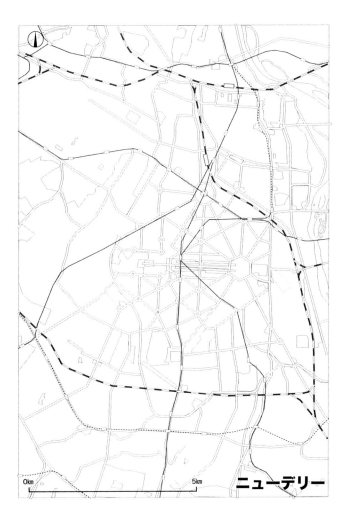

New Delhi 白地図

ニューデリー

【白地図】パハールガンジ

【白地図】カロルバーグ

INDIA
北インド

カロルバーグ

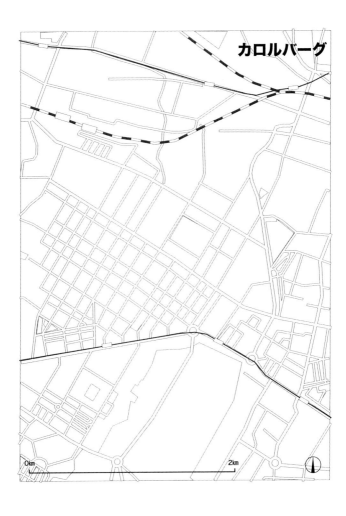

New Delhi 白地図

【白地図】コンノートプレイス

INDIA
北インド

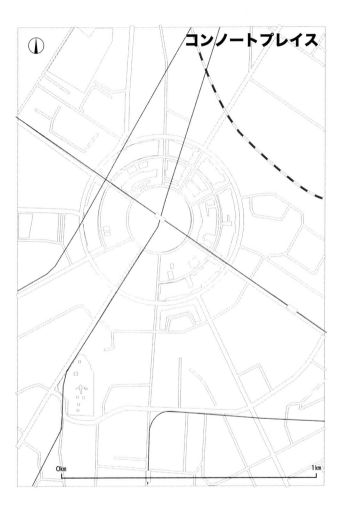
コンノートプレイス

New Delhi 白地図

【白地図】シヴァジースタジアム

INDIA
北インド

【白地図】インド門

【白地図】ジャムナ河畔

INDIA
北インド

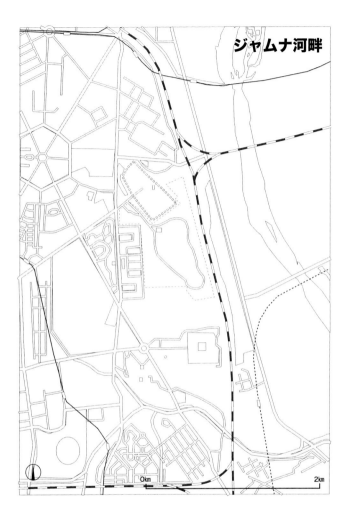

ジャムナ河畔

New Delhi 白地図

【白地図】プラーナキラ

INDIA
北インド

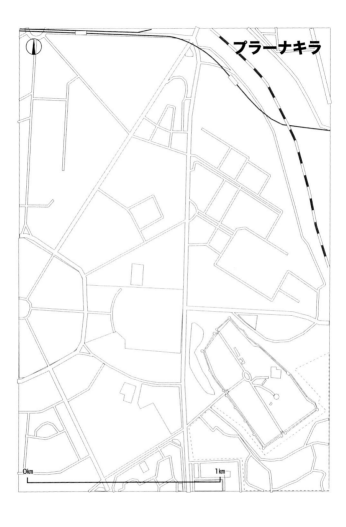

【白地図】フマユーン廟

INDIA
北インド

【白地図】スワミナラヤンアクシャルダム

INDIA
北インド

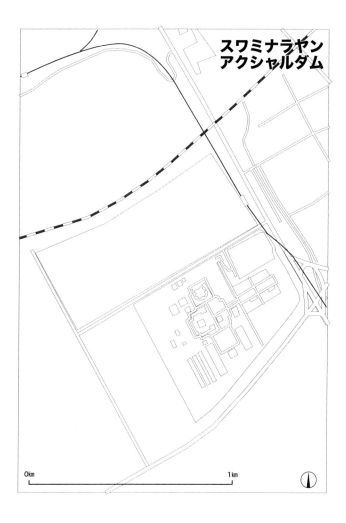
スワミナラヤン アクシャルダム

New Delhi 白地図

【白地図】ローディー公園

INDIA
北インド

【白地図】チャナキャプリ

INDIA
北インド

チャナキャプリ

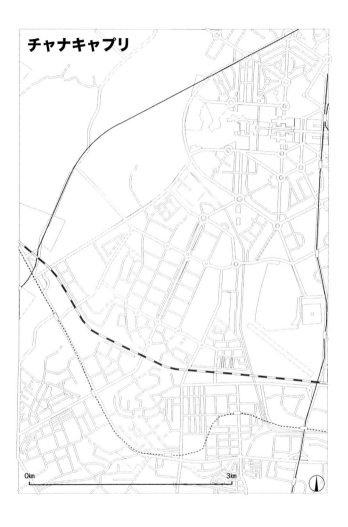

New Delhi 白地図

【まちごとインド】
北インド 001 はじめての北インド
北インド 002 はじめてのデリー
北インド 003 オールド・デリー
北インド 004 ニュー・デリー
北インド 005 南デリー
北インド 012 アーグラ
北インド 013 ファテープル・シークリー
北インド 014 バラナシ
北インド 015 サールナート
北インド 022 カージュラホ
北インド 032 アムリトサル

INDIA
北インド

　インド政治や外交の舞台となってきた首都ニュー・デリーは、イギリス植民地下の20世紀初頭、インド帝国の首都として造営された。緑地や公園が配されるなど、ここではゆったりとした街並みが広がっている。

　近代、インドを統治したイギリスの拠点はもともとコルカタにおかれてきたが、1857年の大反乱鎮圧以後、それまでムガル宮廷があったデリーへの遷都が決まった。こうしてヴィクトリア女王を君主にいただくインド帝国の都ニュー・デリー（新しいデリー）の造営がはじまったが、完成後、わずか16

नई दिल्ली
ニュー・デリー
New Delhi

年でインドはイギリスから独立することになった。

　1947 年以来、新生インドの首都となったニュー・デリーでは、中心に大統領官邸が位置し、そこから「王の道（ラージパトゥ）」がインド門へいたり、その先には古い城砦プラーナ・キラが残っている。ここは伝説の古都インドラプラスタがあったところだとされ、ほかにも中世の遺跡群をとりこむようにニュー・デリーの街は構成されている。

【まちごとインド】
北インド 004 ニュー・デリー

目次

ニュー・デリー……………………………………………………xxx

影響力を増す大国の首都……………………………………xxxvi

ニューデリー駅城市案内……………………………………xliv

コンノートプレイス城市案内………………………………li

シヴァジースタジアム城市案内 …………………………lxi

インド門城市案内……………………………………………lxvi

ジャムナ河畔城市案内 ……………………………………lxxvii

フマユーン廟鑑賞案内 ……………………………………xcv

ムガル芸術完成タージへ …………………………………cv

スワミナラヤンアクシャルダム鑑賞案内 ………………cx

ローディー公園城市案内 …………………………………cxv

チャナキャプリ城市案内 …………………………………cxxx

イギリス植民から近現代へ ………………………………cxxxvii

【MEMO】

【地図】北インド

北インド

影響力を増す大国の首都

INDIA
北インド

インドの首都ニュー・デリー
整然と走る道路や街路樹
西欧を思わせる気品ある街並みが広がる

拡大を続けるデリー首都圏

21世紀の早い段階で中国を抜いて、世界最大の人口を抱える超大国になると見られているインド。その大国の首都がここにおかれ、大統領官邸や国会議事堂が立つニュー・デリーはインド政治や外交の中枢となっている。急速に増大するインドの人口を映すように、ニュー・デリーから郊外へと拡大を続け、デリー近郊のグルガオンやノイダをも飲み込む都市へと成長した。そこでは外国籍企業が積極的に進出し、高層マンションではインド人富裕層の生活が見られる。それらの衛星都市へはニュー・デリーから地下鉄が伸び巨大なデリー

New Delhi 影響力を増す大国の首都

首都圏を形成している。

古さと新しさが交わる街

ジャムナ河のほとりのプラーナ・キラは、古代叙事詩『マハーバーラタ』に描かれた「古(いにしえ)の都」インドラプラスタがおかれたところだと考えられている。その後、16世紀のスール朝がここに都を構え、やがてスール朝に代わってムガル帝国のフマユーン帝がデリーに入城した。こうした歴史を基層にもつニュー・デリーには、タージ・マハルのモデルになったと言われるフマユーン廟やローディー廟、イスラ

【地図】デリー

【地図】デリーの [★★★]
- [ ] コンノート・プレイス Connaught Place
- [ ] インド門 India Gate
- [ ] フマユーン廟 Tomb of Humayun

【地図】デリーの [★★☆]
- [ ] スワミ・ナラヤン・アクシャルダム Swaminarayan Akshardham

【地図】デリーの [★☆☆]
- [ ] チャナキャプリ Chanakyapuli

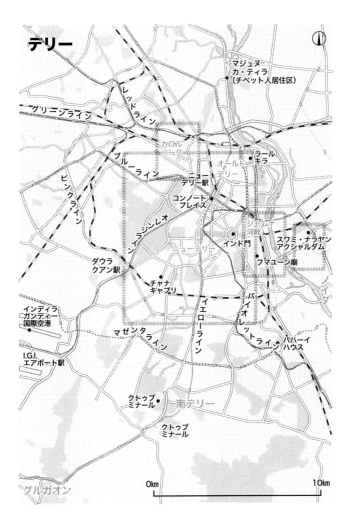

【地図】ニューデリー

【地図】ニューデリーの [★★★]
- [ ] コンノート・プレイス Connaught Place
- [ ] フマユーン廟 Tomb of Humayun

【地図】ニューデリーの [★★☆]
- [ ] ガンジー記念博物館 Gandhi Smriti Museum
- [ ] カーン・マーケット Khan Market
- [ ] サフダル・ジャング廟 Tomb of Safdar Jang

【地図】ニューデリーの [★☆☆]
- [ ] チャナキャプリ Chanakyapuli
- [ ] 大統領官邸 Rashtrapati Bhavan

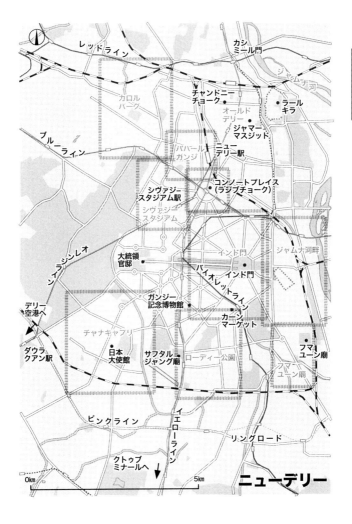

INDIA
北インド

ム教の布教につとめたニザームッディーン廟など中世の遺構が点在し、そのうえにイギリスによる都市計画が進められた。そのため放射状に伸びる街路や緑地のなかに遺跡が残る古さと新しさが交わる街となっている。

ニュー・デリーの構成

ジャムナ河西岸に展開するニュー・デリーの街。ニュー・デリー駅の北東側がムガル帝国以来の都オールド・デリーで、駅西側に旅行代理店やホテルが集まるパハール・ガンジ、カロル・バーグが位置する。またニュー・デリー駅南のコンノー

▲左 美しい街並みを見せるニュー・デリー中心部。 ▲右 リキシャ、バイク、車、人が織りなす猛烈な交通量

ト・プレイスは街の起点になる商業エリアで、そこから南にジャン・パトゥが伸びる。街の中心にあたる東西の軸ラージ・パトゥが大統領官邸からインド門に伸び、その周囲には国会議事堂や官庁街、博物館など公的機関がならぶ。またニュー・デリー南部にはカーン・マーケットをはじめとするショッピング・モールも見られる。これらの街をリング・ロードが大きくとり囲み、南西側のチャナキャプリは大使館街となっている。

ニューデリー駅
城市案内

Guide,
New Delhi R.S.

INDIA
北インド

喧騒のニュー・デリー駅
旅人が旅装をとくパハール・ガンジ
円形のロータリー、コンノート・プレイスへ

नई दिल्ली रेलवे स्टेशन ;
ニュー・デリー駅 New Delhi R.S. [★☆☆]

インド各地への玄関口にあたるニュー・デリー駅。イギリス植民地時代から敷設が進んだ鉄道網をもつインドは、世界第2位の鉄道大国と言われ、ここからムンバイ、アーグラ、バラナシ、コルカタなどへ線路が伸びている。またニュー・デリー駅は、他の街からデリーを訪れた人が第一歩を踏み出す場所で、構内は早朝から人であふれ、客引きをはじめとする人々が押し寄せてくる。

पहाड़गंज ;
パハール・ガンジ（メイン・バザール）Pahar Ganj［★★★］

ニュー・デリー駅の西側に位置するパハール・ガンジ（「山の市場」を意味する）。ニュー・デリー駅そばの立地や駅を越えてオールド・デリーへ続く利便性から、多くの旅行者が集まるようになった。パハール・ガンジの目抜き通りがメイン・バザールで、旅行代理店、安宿、レストランなどがならぶ。またメイン・バザールの北側を東西に走るアラカシャン・ロードには高級ホテルや中級ホテルが軒を連ねている。

【地図】パハールガンジ

【地図】パハールガンジの [★★★]
- [ ] パハール・ガンジ（メイン・バザール）Pahar Ganj
- [ ] コンノート・プレイス Connaught Place

【地図】パハールガンジの [★☆☆]
- [ ] ニュー・デリー駅 New Delhi R.S.

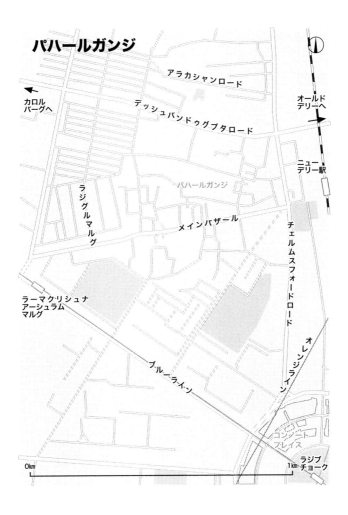

【地図】カロルバーグ

【地図】カロルバーグの [★★★]
- [ ] パハール・ガンジ（メイン・バザール）Pahar Ganj

【地図】カロルバーグの [★☆☆]
- [ ] カロル・バーグ Korol Bagh

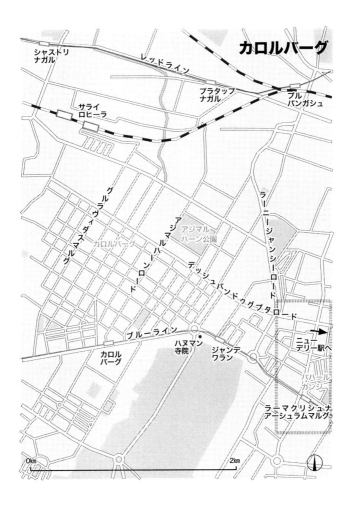

▲左　ナンはかまどで焼かれる。　▲右　世界中から旅人が集まるパハール・ガンジ

करोल बाग；カロル・バーグ Korol Bagh [★☆☆]

カロル・バーグはパハール・ガンジのさらに西側のエリア。20世紀初頭のニュー・デリーの建設、1947年の印パ分離独立を受けて、この街に流入した人々が暮らすようになり、現在は地元の人向けの商業街となっている。また超巨大なハヌマン寺院が位置する。

Guide,
Connaught Place
コンノートプレイス城市案内

ニュー・デリーへの北側からの
入口となる商業地コンノート・プレイス
ここから道は放射状に伸びる

कनॉट प्लेस;
コンノート・プレイス Connaught Place ［★★★］

円形の道路が三重に走り、「ハート・オブ・デリー（デリーの中心）」とも呼ばれるコンノート・プレイス。イギリス風のプランをもとにつくられていて、この円形ロータリーでは信号がなくても車両がとどこおりなく進むことができる。1930年代に建てられた2階建てのイギリス風の建物がぐるりと続き、レストラン、カフェ、銀行、書店、衣料店など3000もの店舗が集まる。中央のセントラル公園では人々がくつろぐ姿が見えるほか、アーケード状の商店街では、イン

INDIA
北インド

ド人の若者などでにぎわっている（かつてニュー・デリーを代表する商業エリアだったが、現在は郊外に数々のショッピング・モールが立ち、観光地化されるようになった）。

ニュー・デリーの都市計画

ニュー・デリーの街は、イギリスによる緻密な計画のもと造営された（18〜20世紀の200年間インドはイギリスの統治を受けた）。ニュー・デリーの都市プランでは、大統領官邸からプラーナ・キラへ直線の大通りラージ・パトゥ（王の道）が敷かれ、この通りとジャン・パトゥ（民の道）が直角に交

【MEMO】

【地図】コンノートプレイス

【地図】コンノートプレイスの [★★★]
- [ ] コンノート・プレイス Connaught Place

【地図】コンノートプレイスの [★★☆]
- [ ] ジャンタル・マンタル（天文観測所）Jantar Mantar

【地図】コンノートプレイスの [★☆☆]
- [ ] ジーヴァン・バラティ・ビル Jeevan Bharti Building
- [ ] アグラセンの階段井戸 Agrasen ki Baoli

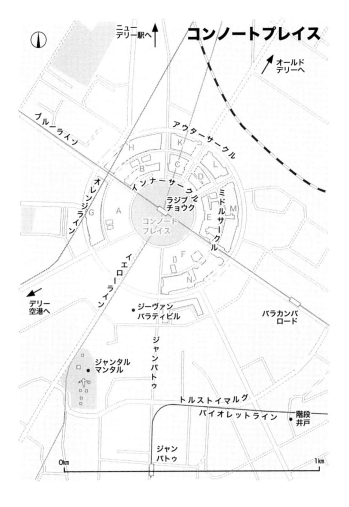

INDIA
北インド

わる。ジャン・パトゥ（民の道）北側には商業地コンノート・プレイスが配置され、そこから道は放射状に伸びており、この円形ロータリーと直線道路の組み合わせがニュー・デリーの基本となっている。またマラリアなどの衛生面が充分に配慮され、オールド・デリーとのあいだには空き地がもうけられるなどの工夫がされていた。1920年代なかばから人が集住し、1930年ごろには首都機能が整うようになった。完成後、すぐにインドへ渡されることになったニュー・デリーは「大英帝国から新生インドへの贈りもの」と言われている。

▲左　白のイギリス風建築が見られるコンノート・プレイス。　▲右　街角のサンドイッチ屋さん

जीवन भारती इमारत；ジーヴァン・バラティ・ビル
Jeevan Bharti Building ［★☆☆］

コンノート・プレイスの南側に立つ巨大なジーヴァン・バラティ・ビル。ガラスのカーテン・ウォールにおおわれた複数の建物がそびえるように立ち、オフィスが入居している（あたりはオフィス街となっている）。

जंतर मंतर；
ジャンタル・マンタル（天文観測所）Jantar Mantar［★★☆］

ムガル帝国の1724年に、ジャイプル（ラジャスタン）のマ

INDIA
北インド

ハラジャ・ジャイ・シン2世によって建てられた天文観測所ジャンタル・マンタル。太陽や月の動きを見て暦をつくり、正確な時間を測ることは洋の東西を問わず行なわれてきた。ジャイ・シン2世はイスラム、西欧の天文学にも関心をもち、デリーのジャンタル・マンタルで最新の天文計算表がつくられた。太陽の位置から時刻を知らせる日時計、天体を観測する三角形や円筒形の特異な建造物が見られ、ジャイプル（世界遺産）、ウッジャイン、マトゥラー、バラナシなどにも同様のジャンタル・マンタルが見られる。

अग्रसेन की बावली；
アグラセンの階段井戸 Agrasen ki Baoli ［★☆☆］

コンノート・プレイス近くに位置するアグラセンの階段井戸。四層からなる地下建築で、60m奥の井戸底へ階段が続いていく（どの水位でも水を汲めるようになっている）。乾燥した北インドや西インドでは、雨季の水が階段井戸に保存され、このアグラセンの階段井戸はデリー・サルタナット朝時代の14世紀に造営された。

Guide, Shivaji Stadium
シヴァジースタジアム城市案内

コンノート・プレイスから西
ヒンドゥー教やシク教寺院のほか
エアポート・メトロ駅シヴァジースタジアムが位置する

गुरुद्वारा बंगला साहिब ; バングラ・サーヒブ寺院 Gurudwara Bangla Sahib [★☆☆]

バングラ・サーヒブ寺院はヒンドゥー教とイスラム教を融合させたシク教寺院で、白の建物のうえに金のドームが載る。17世紀の第8代グル・ハルクリシャンがデリー滞在時に利用した場所で、デリー最大のシク教寺院となっている。

काली मंदिर ; カーリー寺院 Kali Mandir [★☆☆]

シヴァ神の妻パールバティー女神の恐ろしい姿であるカーリー女神がまつられたカーリー寺院。ベンガル地方を中心に

INDIA
北インド

▲左　金色の屋根を載せるシク教のバングラ・サーヒブ寺院。　▲右　ヴィシュヌ神をまつるラクシュミー・ナラヤン寺院

信仰を集め、カーリー女神は黒の肌をもつのは、土着の民間信仰の伝統からだという。

लक्ष्मी नारायण बिरला मंदिर；
ラクシュミー・ナラヤン寺院 Lakshmi Narayan Mandir[★★☆]

コンノート・プレイス西に立つラクシュミー・ナラヤン寺院。1938年、インドの首都がコルカタからデリーに遷されたことを受けて、ビルラー財閥の寄進で建てられたことからビルラー・テンプルの愛称で呼ばれる。富の女神ラクシュミーとその夫ナラヤン神のほかブッダ（ヴィシュヌ神の化身）など

シヴァジースタジアム城市案内　New Delhi

がまつられている。ビルラー財閥ガンジャームダース・ビルラーの意図のもと、他のヒンドゥー寺院が不可触民をこばむなか、この寺院は建立当初から幅広い人々を受け入れてきた。

【地図】シヴァジースタジアム

【地図】シヴァジースタジアムの [★★★]
- [ ] コンノート・プレイス Connaught Place
- [ ] パハール・ガンジ(メイン・バザール) Pahar Ganj

【地図】シヴァジースタジアムの [★★☆]
- [ ] ラクシュミー・ナラヤン寺院 Lakshmi Narayan Mandir
- [ ] ジャンタル・マンタル(天文観測所) Jantar Mantar

【地図】シヴァジースタジアムの [★☆☆]
- [ ] バングラ・サーヒブ寺院 Gurudwara Bangla Sahib
- [ ] カーリー寺院 Kali Mandir
- [ ] 大統領官邸 Rashtrapati Bhavan
- [ ] ニュー・デリー駅 New Delhi R.S.

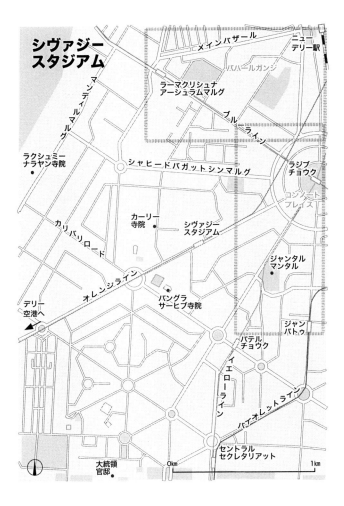

Guide, India Gate
インド門
城市案内

インド門とそれに向きあうように立つ大統領官邸
両者を結ぶようにラージパトゥが走り
インドの心臓部となっている

राष्ट्रपति भवन ; 大統領官邸 Rashtrapati Bhavan [★☆☆]

ラージ・パトゥの西端、小高い丘ライシナー丘陵に位置する大統領官邸(ラシュトラパティ・バワン)。周囲には政庁舎、国会議事堂(サンサッド・バワン)などがならび、インド政治の中枢部を構成している。もともとここはイギリスのインド総督府の官邸として建てられたもので、設計者ラチェンズの西欧式とムガル様式を折衷した意図が見られ、近くにはムガル様式の庭園も備えられている。

【MEMO】

【地図】インド門

【地図】インド門の [★★★]
- [ ] インド門 India Gate
- [ ] コンノート・プレイス Connaught Place

【地図】インド門の [★★☆]
- [ ] 国立博物館 National Museum
- [ ] カーン・マーケット Khan Market
- [ ] ローディー公園 Lodi Garden
- [ ] ガンジー記念博物館 Gandhi Smriti Museum
- [ ] プラーナ・キラ Purana Qila

【地図】インド門の [★☆☆]
- [ ] ラージ・パトゥ Rajpath
- [ ] インディラ・ガンディー芸術センター Indira Gandhi National Centre for the Arts
- [ ] 国立現代美術館 National Gallery of Modern Art
- [ ] スンダルナガル・マーケット Sunder Nagar Market
- [ ] アグラセンの階段井戸 Agrasen ki Baoli

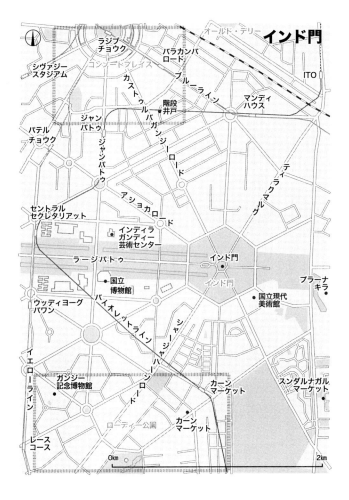

北インド

大統領と首相

イギリス統治時代の影響を残すと言われるインドの政治体制。もともと大統領官邸(ラシュトラパティ・バワン)はイギリス統治時代にインド副王の宮廷として建てられた経緯をもつ。インドでは大統領は共和国の元首にあたり、政治などの実権は首相にある。「共和国の日(1月26日)」「独立記念日(8月15日)」「ガンジー生誕日(10月2日)」という国が定める3つの祝日のなか、国民を主権者とする国民国家となった「共和国の日」に大統領を中心にラージ・パトゥで盛大な式典が行なわれる(また独立記念日にラール・キラで首相を中心に式典が行なわれる)。

▲左　クリシュナ神の彫像、国立博物館にて。　▲右　大統領官邸からインド門へ続くラージ・パトゥ

राजपथ；ラージ・パトゥ Rajpath [★☆☆]

ラージ・パトゥはニュー・デリーの軸にあたる大通りで、大統領官邸からインド門に向かって伸びる。幅140m 長さ3.5kmの通りの両脇にはインドの国会議事堂、国立博物館などがならんでいる。インド共和国の憲法施行の記念日にあたる1月26日には、ここラージ・パトゥで盛大なパレードが行なわれる。この道は途中、ジャン・パトゥ（民の道）と直交していて、政府と民が交わる象徴とも考えられている（イギリス統治時代はそれぞれキングス・ウェイ、クイーンズ・ウェイと呼ばれていた）。

INDIA
北インド

राष्ट्रीय संग्रहालय ;
国立博物館 National Museum [★★☆]

ラージ・パトゥとジャン・パトゥが交差する地点に位置する国立博物館。1949年に完成し、古代インダス文明遺跡から出土したテラコッタ像、現在インドの国旗にも描かれているアショカ王の柱頭の獅子彫刻、仏教芸術の至宝バールフットの欄楯、ガンダーラやマトゥラー美術を花開かせたクシャン朝時代の仏像、グプタ朝時代の柔和なヒンドゥー彫刻などが見られる。そのほかにもムガル美術やラージプート絵画などインド史に残る傑作美術が網羅的に展示してある。

▲左　夜、インド門はライトアップされる。　▲右　映画はインド人にとって最大の娯楽のひとつ

इंदिरा गांधी राष्ट्रीय कला केन्द्र ;
インディラ・ガンディー芸術センター
Indira Gandhi National Centre for the Arts [★☆☆]

インディラ・ガンディー芸術センターは、ネルーの娘でインド首相にもなったインディラ・ガンディーが暮らしていた住居跡で、身のまわりの日常品などが展示されている。なかには首相がシク教徒に暗殺されたときに着ていた血のついたサリーもあり、また庭園のガラスの銘板には血痕が残っている。

INDIA
北インド

इण्डिया गेट；インド門 India Gate ［★★★］

ニュー・デリー中心部にそびえる高さ42mのアーチ型のインド門。1931年に完成したこの門から放射状に道路が伸び、デリーを象徴する建造物となっている。第一次世界大戦を宗主国イギリスのために戦い、生命を落とした10万人近いインド兵を追悼するために建てられたもので、戦没者の名前が刻まれている（1947年まで、インドはイギリスの植民地で、戦争協力を強いられた）。

राष्ट्रीय आधुनिक कला संग्रहालय；
国立現代美術館 National Gallery of Modern Art [★☆☆]

インド門のそばに立つ国立現代美術館（NGMA）。彫刻やラージプート絵画などの近代美術、現代美術が展示されている。ドームをいただくこの建物は、ジャイプルのマハラジャがデリー滞在中の別荘としていたところで、ジャイプル・ハウスの名前で親しまれている。

**Guide,
River Side**

ジャムナ河畔
城市案内

古い城砦プラーナ・キラ
美しい姿を見せる世界遺産のフマユーン廟
ジャムナ河畔に残る遺構

पुराना किला；プラーナ・キラ Purana Qila ［★★☆］

プラーナ・キラはムガル帝国第2代フマユーン帝の時代に着工し、その後、ムガルを一時ペルシャへ退却させたスール朝のシェール・シャーの時代に造営が続いたデリー第6の都で、ムガル王城ラール・キラに対して「古い城砦（プラーナ・キラ）」という名前で呼ばれる。ビハールの領主から頭角を現し、フマユーン帝を破って北インドを支配下においたシェール・シャーはここを中心に広大な首都圏の造営を構想していた。結局、シェール・シャーは不意の事故で生命を落とし、再び、デリーはフマユーン帝のものとなってプラーナ・キラに宮廷

を構えることになった。考古学博物館が併記されている。

हुमायूँ का पुस्तकालय ;
シェール・マンディル Sher Mandel [★☆☆]

プラーナ・キラに立つ八角形のシェール・マンディル。ムガル帝国フマユーン帝の時代は図書館として利用され、1556年、フマユーン帝は薬物使用中にここの階段から滑り落ち、その生涯を終えている（フマユーン帝死後、アクバル帝の時代にアーグラに新たな宮廷が築かれ、遷都された）。

मस्जिद किला ऐ कोहना ;
キラーイ・クナ・モスク Qila-i-Kuhuna Masjid ［★☆☆］

ムガル帝国の黎明期にフマユーン帝をペルシャへ追いやって、スール朝を樹立したシェール・シャーによるモスク。1541年の建立で、美しいミフラーブが残る。

ムガル帝国とスール朝

ムガル帝国成立以前、デリーにはアフガン系ローディー朝（1451～1526年）があった。この王朝のもと、アフガン部族が多くインドへ移住していたが、シェール・シャーの部

【地図】ジャムナ河畔

【地図】ジャムナ河畔の [★★★]
- [ ] フマユーン廟 Tomb of Humayun
- [ ] インド門 India Gate

【地図】ジャムナ河畔の [★★☆]
- [ ] プラーナ・キラ Purana Qila
- [ ] ニザームッディーン廟 Nizam-ud-din's Shrine

【地図】ジャムナ河畔の [★☆☆]
- [ ] スンダルナガル・マーケット Sunder Nagar Market
- [ ] 動物園 National Zoological Gardens
- [ ] 国立現代美術館 National Gallery of Modern Art

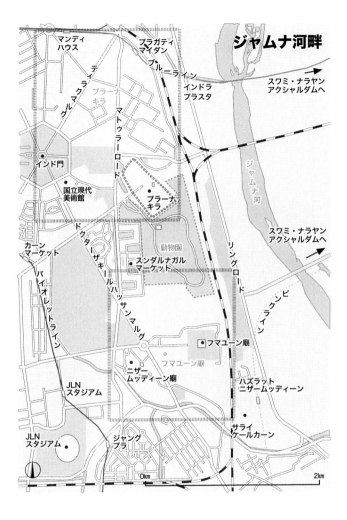

【地図】プラーナキラ

【地図】プラーナキラの [★★★]
- [ ] インド門 India Gate

【地図】プラーナキラの [★★☆]
- [ ] プラーナ・キラ Purana Qila

【地図】プラーナキラの [★☆☆]
- [ ] シェール・マンディル Sher Mandel
- [ ] キラーイ・クナ・モスク Qila-i-Kuhuna Masjid
- [ ] 動物園 National Zoological Gardens
- [ ] 国立現代美術館 National Gallery of Modern Art

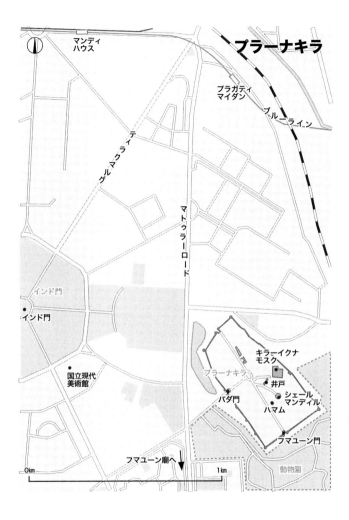

【MEMO】

INDIA
北インド

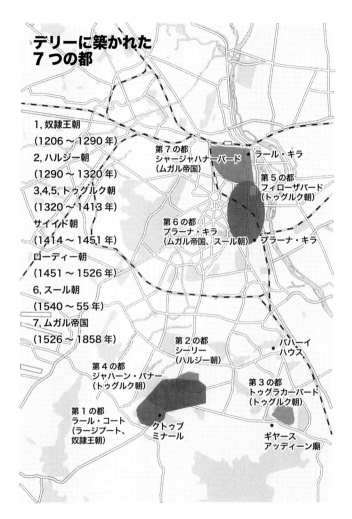

族もそうしたひとりだった。ビハールの一領主からムガル第2代フマユーン帝を破り、シェール・シャーのスール朝は一時、北インド全域を支配した。街道の整備、税制の改革などの政策はのちのムガル第3代アクバル帝に受け継がれたと言われ、インド史上の名君に数えられる（1545年、シェール・シャーが急死し、再びムガルの時代になった）。

古代叙事詩が伝えるインドラプラスタ

インドラプラスタはバーラタ族の一大決戦が描かれたインドの国民的叙事詩『マハーバーラタ』ゆかりの都で、現在のプ

▲左　メトロ駅の看板、消費の拡大が続くインド経済。　▲右　プラーナ・キラのキラーイ・クナ・モスク

ラーナ・キラに推定されている（『マハーバーラタ』で描かれた決戦は、デリー北方のクルクシェートラで実際に行なわれた）。この戦いは紀元前10世紀ごろに実際にあった史実だとされ、勝利したパーンダヴァ族はインドラプラスタに入城し、ここを拠点にインド全土を支配するようになったという（英雄アルジュナはこの都でクリシュナの妹スバドラーと結婚式をあげている）。『マハーバーラタ』は「バーラタ族の戦争を語る大史詩」を意味し、インド人は自らの国をバーラタ（の子孫）と呼ぶ。

INDIA
北インド

सुंदर नगर मार्केट ; スンダルナガル・マーケット Sunder Nagar Market [★☆☆]

インド門南東のマトゥラー道路沿いに位置するスンダルナガル・マーケット。アンティーク、手工芸品など扱う店舗がならぶほか、アート・ギャラリーも見られる。

चिड़ियाघर ; 動物園 National Zoological Gardens [★☆☆]

プラーナ・キラとフマユーン廟のあいだの広大な敷地をもつデリー動物園。ホワイトタイガー、サイ、象、鹿といった南アジアの亜熱帯に生息する動物を見ることができる。このあ

【MEMO】

たりはジャムナ河に近く、豊かな緑が広がっている。

निज़ामुद्दीन दरगाह ;
ニザームッディーン廟 Nizam-ud-din's Shrine ［★★☆］

13〜14世紀、デリー・サルタナット朝時代のイスラム聖者ニザームッディーン・アウリヤー。その家系は中央アジアのブハラを出自とするが、祖父の代にインドに移住してきた。ニザームッディーンは修行にはげんだ後、師ファリード・ウッディーンの勧めでデリーに道場を開き、清貧生活、貧しい者へほどこしをする姿勢からイスラム教徒だけでなく、ヒン

▲左 デリーで布教にあたった聖者のニザームッディーン廟。 ▲右 ニザームッディーン廟界隈にはイスラム教徒が多く暮らす

ドゥー教徒からも尊敬を受けていた。ニザームッディーンが道場を開いていたこの場所は当時の宮城からは離れていて、死後、聖者の名前をとってニザームプルと呼ばれるようになり、広くイスラム世界から巡礼者を集めている。

北インド

「デリーはなお遠い」スルタンとの対立

ニザームッディーンの属したチシュティー派は、スルタンの庇護を受けて広がったスフラワルディー派と違って、権力者とは距離をおく方針がとられた。なかでもトゥグルク朝スルタン・ギヤース・ウッディーンとの関係はかんばしくなく、その都トゥグルカーバード造営中に、ニザームッディーンが人々の生活のために井戸の建設をはじめたことなどで対立した。スルタン・ギヤース・ウッディーンはベンガル地方への遠征から帰還する際に急死したが、その際にニザームッディーンは「デリーはなお遠い」という有名な言葉を残している。

मोह़म्मद शाह का मकबरा；
ムハンマド・シャーの墓 Tomb of Muhammad Shah［★☆☆］

ニザームッディーン廟の一角にあるムガル帝国第12代皇帝ムハンマド・シャーの墓。ムハンマド・シャーの時代、ムガル皇帝に往時の力はなく、デリー近郊の領主になりさがっていた。そんななかで1739年、隣国ペルシャのナーディル・シャーの侵攻を受けて、デリーの街は荒廃し、ムガル帝国は凋落の一途をたどることになった。

Guide,
Tomb of Humayun
フマユーン廟
鑑賞案内

ラール・キラやクトゥブ・ミナールと
ならんで世界遺産に登録されているフマユーン廟
デリーでもっとも美しい建築にあげられる

हुमायूँ का मकबरा ;
フマユーン廟 Tomb of Humayun ［★★★］

ジャムナ河畔に残るムガル帝国第2代フマユーン帝の墓廟。線対称の美、バランスのとれたドームと本体、細部まで装飾された美しいたたずまいをしている。フマユーン廟は王妃ハージ・ベグムの指揮で建てられたもので、1556年に皇帝がなくなってから9年後の1565年に完成した（設計はミーラーク・ミルザー・ギヤースが担当）。墓廟にはフマユーン帝のほか、ムガル帝国衰退期の皇帝の墓も複数残るほか、1857年、インド大反乱のときにラール・キラから逃れた最

後の皇帝バハードゥル・シャー2世が一夜を過ごした後とらえられるなど歴史の舞台にもなった。

इसा खान का मकबरा；
イサ・ハーン廟 Isa Khan Tomb ［★☆☆］

フマユーン廟の入口付近に立つイサ・ハーン廟。この建物は、ムガル帝国以前の1547年に建てられた（プラーナ・キラと同時代のスール朝時代）。均整のとれた八角形のプランをもち、上部にドームを載せる。

【MEMO】

【地図】フマユーン廟

【地図】フマユーン廟の [★★★]
- ☐ フマユーン廟 Tomb of Humayun

【地図】フマユーン廟の [★★☆]
- ☐ フマユーン廟本体 Tomb of Humayun
- ☐ ニザームッディーン廟 Nizam-ud-din's Shrine

【地図】フマユーン廟の [★☆☆]
- ☐ イサ・ハーン廟 Isa Khan Tomb
- ☐ ブ・ハリマ廟 Bu Halima's Tomb
- ☐ アフサル・ワーラー廟とモスク Afsarwala's Tomb and Mosque
- ☐ 西門 West Gate
- ☐ チャハール・バーグ Chahar Bagh
- ☐ ムハンマド・シャーの墓 Tomb of Muhammad Shah
- ☐ スンダルナガル・マーケット Sunder Nagar Market

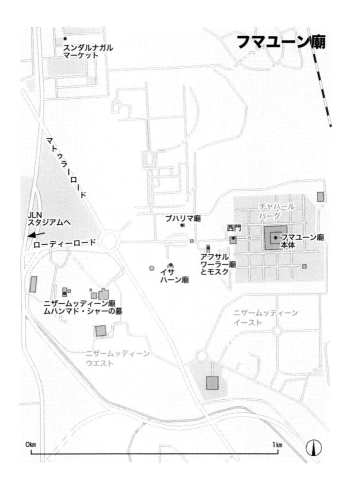

北インド

बू-ह्लीमा का मकबरा；
ブ・ハリマ廟 Bu Halima's Tomb ［★☆☆］

ムガル帝国初期の16世紀に建てられた立方体状のブ・ハリマ廟。のちにフマユーン廟で完成されるムガル建築以前の墓廟様式で、石で組まれた簡素なたたずまいをしている。

अफसरवाला मकबरा और मस्जिद；
アフサル・ワーラー廟とモスク
Afsarwala's Tomb and Mosque ［★☆☆］

フマユーン廟と同時期の16世紀なかごろに建設されたアフサル・ワーラー廟とモスク。ドームをいだく中央のモスクと

▲左　フマユーン廟よりも古いイサ・ハーン廟。　▲右　西門から墓廟本体をのぞく

その隣の八角形のプランをもつ霊廟がふたつならんでいる。

मकबरे का प्रवेशद्वार ; 西門 West Gate ［★☆☆］

西門はフマユーン廟の周囲に配された4つの門のひとつ。外来者を内部に導くペルシャ起源のイワンと呼ばれる様式をもち、門を抜けたあとに空間が広がる効果が計算されている。

INDIA
北インド

▲左　ムガル帝国第2代皇帝が眠る。　▲右　世界遺産にも指定されている美しいたたずまい

चार-बाग；チャハール・バーグ Chahar Bagh［★☆☆］

フマユーン廟を中心に周囲はチャハール・バーグ（四分割庭園）が配置されている。これはイスラム教の聖典『コーラン』で描かれた楽園のイメージが具現化された庭園で、ペルシャで育まれた（水が縦横に流れ、木々のしげる様子は乾燥地帯のイランでは楽園と同一視された）。また敷地内はフマユーン廟を中心に完全な点対称となっていて、本体の前方にチャハール・バーグが配置された線対称のタージ・マハルとの相違点も見られる。

【MEMO】

INDIA
北インド

हुमायूँ का मकबरा ;
フマユーン廟本体 Tomb of Humayun ［★★☆］

チャハール・バーグの中央に立つ美しいドームとプロポーションをもったフマユーン廟本体。47mの正方形の四隅を切り落とした八角形の基壇をもち、本体のうえに載るドームの高さは38mとなっている（ペルシャ建築と赤砂岩と白大理石というインドの素材が融合し、ムガル建築が大成したことがうかがえる）。内部の広間にムガル帝国第2代皇帝のフマユーン帝はじめムガル王族の墓が安置されている。

ムガル
芸術完成
タージへ

赤と白の美しきたたずまいを見せるフマユーン廟
タージ・マハルの原型になったという
インド・イスラム建築の傑作

ムガル建築の完成

この廟にまつられた第2代フマユーン帝はバーブル帝のあとをついで即位したが、支配基盤は定まらず、シェール・シャーに敗れて、ペルシャのサファヴィー朝の宮廷に逃れることになった（そのため在位、1530〜40年と1555〜56年となっていて、途中15年間分断されている）。のちにフマユーン帝は勢力を盛り返してデリーを奪還するが、このことがムガル宮廷におけるペルシャ文化の優位性を決定づけ、ムガル芸術が完成する道筋となった。父バーブル帝、息子のアクバル帝にくらべると華々しい成果は残せなかった一方で、ムガル建

INDIA
北インド

築はフマユーン廟の建設で完成し、その様式がタージ・マハルに受け継がれた。

トルコ族の様式

フマユーン廟で見られる墓石は一般参拝用のもので、本物の墓は地下におかれている。この二重墳墓形式は、サマルカンドのティムール廟などでも見られ、トルコ族独特のものとされる（ムガルはモンゴルを意味し、バーブル帝はティムールの血をひく）。トルコ族は10世紀ごろから西征をはじめ、中央アジアでガズナ朝、イランでセルジューク朝、後にアナト

▲左　意匠は○□△といった幾何学模様で表現される。　▲右　噴水のわくチャハール・バーグ

リア半島でオスマン・トルコを樹立するなど広がりを見せた。ムガル帝国初代バーブル帝はトルコ語で『バーブル・ナーマ』を記しているが、ムガル宮廷ではフマユーン帝の時代からペルシャ語が使われるようになった。

ムガル諸皇帝の墓

ムガル帝国がインドの大部分を統治していたのは第3代アクバル帝から第6代アウラングゼーブ帝の時代ごろまでで、1526年から1858年のあいだ17代にわたって続いたムガル皇帝もその後期はデリー近郊の領主になりさがっていた。フ

INDIA
北インド

マユーン廟には、8代、9代、10代、11代、14代の皇帝が埋葬されている一方、皇帝の臣下であったサフダル・ジャングの霊廟がニュー・デリー南部でその威容を誇っている。そのことはムガル皇帝の凋落を端的に示すものだという。

ムガル皇帝(最盛期)の墓所

初代バーブル帝(カブール)

第2代フマユーン帝(デリー)

第3代アクバル帝(シカンドラ)

第4代ジャハンギール帝(ラホール)

第5代シャー・ジャハーン帝(アーグラ)

第6代アウラングゼーブ帝(クルダバード)

Guide, Swaminarayan Akshardham
スワミナラヤンアクシャルダム鑑賞案内

INDIA
北インド

ジャムナ側の東岸にそびえる
超巨大ヒンドゥー寺院
多くのインド人が訪れるスワミ・ナラヤン・アクシャルダム

अक्षरधाम मंदिर ; スワミ・ナラヤン・アクシャルダム
Swaminarayan Akshardham ［★★☆］

ニュー・デリー市街地からジャムナ河の対岸に位置し、「世界最大のヒンドゥー寺院」として知られるスワミ・ナラヤン・アクシャルダム。スワミ・ナラヤンは近代グジャラートで活躍したヒンドゥー聖者で、この聖者に由来する宗派によって2005年に建立された。比較的新しい寺院であることからも、他のヒンドゥー寺院とは大きく異なった形態をしていて、ボートに乗ってインドの歴史と文化を学んだり、映画やミュージカルも上映されるなどテーマパークのような様相をしている。

【MEMO】

【地図】スワミナラヤンアクシャルダム

【地図】スワミナラヤンアクシャルダムの [★★☆]

- [ ] スワミ・ナラヤン・アクシャルダム
  Swaminarayan Akshardham

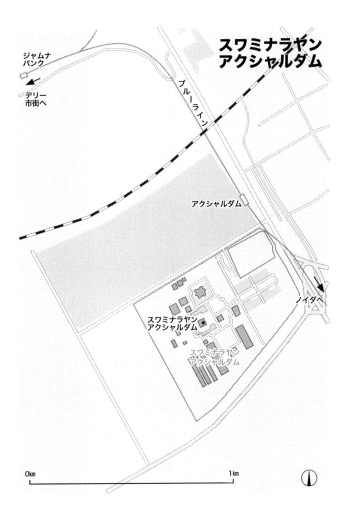

INDIA
北インド

▲左　遠方にスワミ・ナラヤン・アクシャルダムが見える。　▲右　さまざまな信仰をもつ人が暮らす、インドは宗教の国とも言える

さまざまな宗教と超巨大建築

13世紀以来、王朝の都がおかれてきたデリーには、モスクや宮殿などさまざまな建築が築かれてきた。それまでこぶりだったデリーの建築が一気に巨大化するのが16世紀のムガル帝国時代で、ジャムナ西岸のフマユーン廟やオールド・デリーのジャマー・マスジッドなどが造営された。また現代では1986年に完成したバハイ教のロータス・テンプル（デリー南部に位置する）も知られ、スワミ・ナラヤン・アクシャルダムは2005年に造営された。

Guide, Lodi Garden
ローディー公園 城市案内

中世の遺跡が残るローディー公園
ゆったりとした街並みにはカフェや店舗がならぶ
ガンジーゆかりの記念館は暗殺現場でもある

गांधी स्मृति ;
ガンジー記念博物館 Gandhi Smriti Museum ［★★☆］

インド独立の父ガンジーが暗殺された付近に立つ博物館。イギリスの植民地支配からインドを独立に導いたガンジーは、過激派の反感を買って1948年1月30日に暗殺された。この博物館には、その日、礼拝へ向かおうとするガンジー最後の足あとが刻まれており、バブー（父）と愛称で呼ばれたガンジーを慕う人々が訪れている。

▲左 非暴力、不服従でインドを独立に導いたガンジー。　▲右 デリーの流行発信地のひとつカーン・マーケット

खान मार्किट；カーン・マーケット Khan Market ［★★☆］

ファッションや雑貨などデリーに暮らす感度の高い人々が行き交うカーン・マーケット。カフェやバー、書店、女性向けの美容専門店などがならび、デリー最先端の流行を発信している。

【MEMO】

【地図】ローディー公園

【地図】ローディー公園の [★★☆]
- [ ] ガンジー記念博物館 Gandhi Smriti Museum
- [ ] カーン・マーケット Khan Market
- [ ] ローディー公園 Lodi Garden
- [ ] サフダル・ジャング廟 Tomb of Safdar Jang

【地図】ローディー公園の [★☆☆]
- [ ] シカンダル・シャー・ローディー廟 Tomb of Sikandar Shah Ludhi
- [ ] ムバラク・シヤー・サイイド廟 Tomb of Mubarak Shah Saiyid
- [ ] ローディー・コロニー Lodhi Colony
- [ ] チベット・ハウス Tibet House
- [ ] INAマーケット INA Market

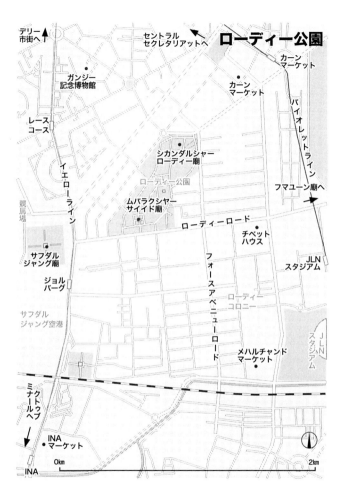

लोधी उद्यान；ローディー公園 Lodi Garden ［★★☆］

インド門の南西に広がる緑豊かなローディー公園。この公園には中世デリーを支配したローディー朝の墓廟がいくつも残っていて、その遺跡を活かすようにして公園が整備されている。ローディー朝（1451〜1526年、ムガル帝国に敗れてデリーを明け渡した）のスルタン、シカンダル・シャー・ローディーの墓廟はじめ、ローディー朝時代のモスクであるバラーグンバッド、シーシュグンバッドのほかトゥグルク朝第3代ムハンマド・シャーの墓、サイイド朝の第2代ムバラク・シャーの墓なども見られる。

सिकंदर लोदी का मकबरा；シカンダル・シャー・ローディー廟
Tomb of Sikandar Shah Ludhi［★☆☆］

デリー・サルタナット朝末期の名君シカンダル・シャー・ローディーの霊廟（アフガン系ローディー朝の第2代皇帝）。ティムールの侵入以後、サルタナット朝の領土は小さくなったが、シカンダル・シャーの時代に勢力を戻し、ラージプートを牽制するため、1504年、都をアーグラに遷した（現在アクバル廟が残るシカンドラはこの皇帝にちなむ）。シカンダルの死後、ローディー朝は混乱し、やがて1526年のムガル帝国の成立を招くことになった。

アフガン部族の連合体

デリー・サルタナット朝時代には中央アジアのトルコ人やアフガン人が多く、インドへ移住した。とくに5番目のローディー朝（1451〜1526）とムガル帝国をいったんペルシャに追いやるスール朝（1540〜55）はアフガン系の王朝として知られるが、トルコ人の王朝とは文化も慣習も大きな違いがあったという。アフガン人のあいだでは、各地の支配者をひとりの仲間、同等の立場ととらえ、スルタン自らは玉座に座らないといった部族意識が見られた。こうしたアフガン部族を出自とするローディー朝のシカンダル・シャー、スール

▲左　点対称のプランをもつイスラム建築ムバラク・シヤー・サイード廟。
▲右　露店では人々の生活が息づく

朝のシェール・シャーは中世インドの名君に数えられる。

मुबारक शाह सैयद का मकबरा ;
ムバラク・シヤー・サイード廟
Tomb of Mubarak Shah Saiyid [★☆☆]

ローディー公園の南側に残る八角形のプランをもつムバラク・シヤー・サイード廟。柱の立つアーケード状の外面をしていて、上部はドームとその周囲に小さなチャトリを8つ載せる。サイイド朝（1414〜1451年）の第2代スルタンであるムバラク・シヤーの墓廟だと考えられている（サイイド朝

はティムールの侵攻とともに成立したデリー・サルタナット朝第4の王朝)。

लोधी कॉलोनी; ローディー・コロニー Lodhi Colony [★☆☆]

緑豊かなローディー公園の一帯は20世紀末ごろから中流層向けのショップやレストランが集まるようになった。ローディー・コロニーには、カフェや雑貨店がならぶメハルチャンド・マーケットなどが位置する。

【MEMO】

INDIA
北インド

तिब्बत हाउस संग्रहालय；
チベット・ハウス Tibet House [★☆☆]

チベット・ハウスは、チベットの手工芸品が展示されている博物館で、ダライ・ラマ14世が1959年のチベット動乱でたずさえてきた法具なども見られる。ダライ・ラマの亡命政府はインド北部のダラムサラにあるほか、オールド・デリーの北側にチベット人が集住するエリアがある。

▲左　デリーで出会った子どもたち、クリケットをしていた。　▲右　ムガル帝国後期に建てられたサフダル・ジャング廟

सफदरजंग का मकबरा；
サフダル・ジャング廟 Tomb of Safdar Jang ［★★☆］

18世紀、ムガル帝国の大臣をつとめたミルザー・ムキーム・アブル・マンスール・ハーンの墓廟。帝国が斜陽を迎えるなか宮廷で権力を握り、1774年、12代皇帝ムハンマド・シャーからサフダル・ジャング（「敵軍をけちらす者」）の称号を受けた。第12代、第13代皇帝が壮麗な墓をつくれなかったのに対し、臣下のサフダル・ジャングの墓は1774年に完成した（彼の子孫はアワドで独立し、ムガル帝国に代わってインド・イスラム文化を継承していくことになる）。墓廟の建設

INDIA
北インド

にあたってタージ・マハルが意識されているという。

आईएनए मार्किट ; INA マーケット INA Market [★☆☆]

ニューデリー南部に位置し、食料品店がずらりとならぶ市場のINAマーケット。魚介類、肉類、香辛料、野菜や調味料をはじめ、サリーや日用雑貨を扱う店も見える。INAという頭文字は、「Indian National Army（インド国民軍）」の施設があったことに由来する。

Guide, Chanakyapuri
チャナキャプリ
城市案内

INDIA
北インド

各国の大使館が集まり
外交の舞台となっているチャナキャプリ
エアポート・メトロのダウラクアン駅も位置する

नेहरु संग्रहालय；ネルー記念博物館 Nehru Museum ［★☆☆］
ネルー記念博物館は、インド初代首相ネルーの官邸ティーンムルティ・バワンがおかれていたところ。この邸宅は政治家やネルーを慕う人々が訪れた迎賓館でもあり、20世紀インドの政治の中心舞台となっていた（ネルーの娘インディラ、孫ラジブも首相になったことから、3代にわたるネルー王朝と言われる）。写真や新聞でネルーの来歴が展示されている。

चाणक्यपुरी；チャナキャプリ Chanakyapuri ［★☆☆］
大統領官邸の南西に位置する区画チャナキャプリ。そこを走

るシャーンティ・パトゥの周囲には各国の大使館が集中していて、静かな街並みが広がっている。チャーナキャとは「インドのマキャベリ」の異名をもつ古代インドマウリヤ朝時代の宰相の名前からとられている。

सरोजिनी नगर；
サロジニ・ナガル・マーケット Sarojini Nagar Market[★☆☆]

ニュー・デリー南部に位置するサロジニ・ナガル・マーケット。サリーの布地やファッション雑貨を扱う店舗が集まり、地元のインド人が買いものに訪れる。

INDIA
北インド

मुद्रिका मार्ग ; リング・ロード Ring Road [★☆☆]

ニュー・デリーの街を囲むように走るリング・ロード。東側はジャムナ河のすぐ西を走り、オールド・デリーのさらに北、またライシナ丘陵をおおうように一周する。このリング・ロードの南端あたりはかつてニュー・デリー郊外だったが、20世紀末からショッピング・モールや中流層向けマーケットが見られるようになった。

【MEMO】

【地図】チャナキャプリ

【地図】チャナキャプリの [★★☆]
- [ ] サフダル・ジャング廟 Tomb of Safdar Jang

【地図】チャナキャプリの [★☆☆]
- [ ] ネルー記念博物館 Nehru Museum
- [ ] チャナキャプリ Chanakyapuli
- [ ] サロジニ・ナガル・マーケット Sarojini Nagar Market
- [ ] リング・ロード Ring Road
- [ ] INAマーケット INA Market
- [ ] 大統領官邸 Rashtrapati Bhavan

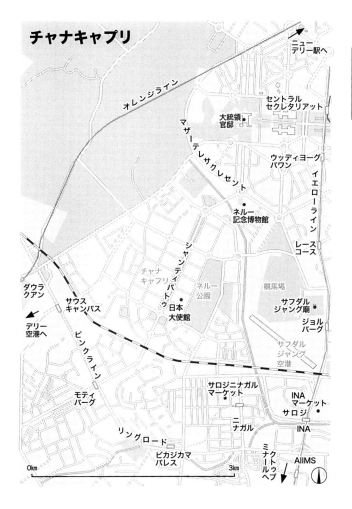

イギリス
植民から
近現代へ

イギリスの植民地にくみこまれたインドでは
コルカタ、チェンナイ、ムンバイは急速に発展
そしてニュー・デリーが建設された

インド航路の「発見」

18世紀からインドを200年にわたって支配したイギリスは、民主主義や司法制度などでインドに大きな影響をあたえたと言われる。近代、アジア、アフリカ諸国は西欧から見て、遅れた非文明国と見られ、多くの国々が西欧の植民地となった。最初にインドへ進出したのはイギリスではなく、ポルトガルでイスラム商人が使っていた季節風を使ってバスコ・ダ・ガマの船団が1498年にカリカットに到着した。ムガル帝国が統治する近世インドにあってインド海岸部にはポルトガルはじめ、オランダ、イギリスなどの商館が建てられはじめた。

INDIA
北インド

イギリスの台頭

ベンガルの綿を買うためにフーグリ河畔に西欧各国の商館がおかれ、イギリス東インド会社もポルトガルやフランスとともにインドに進出した。1757年に起こったプラッシーの戦いはごく小さなものだったが、フランスに対する優位を決定づけ、イギリスはムガル皇帝からベンガル地方の徴税権を譲り受けた（ここに植民地化がはじまり、戦いを指揮した東インド会社書記クライブは、イギリスではインド帝国の建設者とされる）。ムガル帝国が弱体化するなか、イギリスはハイデラバード、マイソール、マラータといったインド各地の勢

▲左　人口や消費の拡大、インドに熱い視線が注がれる。　▲右　独特の宗教体系をもつヒンドゥー教、カーリー寺院にて

力に介入しながらその支配を広げていった。

インド帝国の成立

当初、イギリスの支配は東インド会社を通じた交易を中心とするものだったが、1857年の大反乱以後、ヴィクトリア女王を君主とするインド帝国が成立した。この帝国は、マレーシア、オーストラリア、南アフリカなど地球上の4分の1とも言われる大英帝国を構成し、とくにインドでとれる綿やジュートなどが、敷設された鉄道網でイギリス本国へ運びだされた。イギリスによってインドの富はしぼりとられていた

INDIA
北インド

が、議会制民主主義、司法の独立、また多様な言語をもつこの国の共通語としての英語が浸透するなどイギリス文化の影響を受けることになった。

ニュー・デリーの造営

20世紀初頭、イギリスがコルコタからデリーへ遷都したのは、ベンガル地方の衛生面の問題や、インド全土を統治するにあたってコルコタが地理がかたよりすぎていたことなどがあげられる。また中世以来いくつもの王朝が都をおいたデリーに新たな都を築くことで、インド統治の正当性を示そう

▲左 パハール・ガンジのラッシー屋さん。 ▲右 インド門はこの街の象徴とも言える

としたとも言われる。かつて「この地に都を築いたものは必ず滅びる」とも言われ、イギリス内でもニュー・デリー造営に反対する意見も出ていたが、計画は進められ、結局、イギリスもこの都を手放すことになった。

インド共和国の独立

パキスタン、バングラデシュをふくむ広大な領土をもっていた英領インド。20世紀になり、ふたつの大戦をへるなかで独立運動がもりあがり、1947年に英領インドはインドと東西パキスタンに分離独立することになった。イギリス植民地

INDIA
北インド

時代の1911年に建設がはじまったニュー・デリーにはインド共和国の首都がおかれ、現代インドの政治の舞台となっている。21世紀になって、急激な経済成長を見せるインドの首都、パキスタン、バングラデシュなど多くの人口を抱える南アジアの中心として高い地位を保っている。

New Delhi

イギリス植民から近現代へ

参考文献

『多重都市デリー』(荒松雄 / 中央公論社)

『インド建築案内』(神谷武夫 /TOTO 出版)

『世界の歴史 14 ムガル帝国から英領インドへ』(佐藤正哲、中里成章、水島司 / 中央公論社)

『世界の歴史 27 自立へ向かうアジア』(狭間直樹・長崎暢子 / 中央公論社)

『インドの時代』(中島岳志 / 新潮社)

『南アジアを知る事典』(平凡社)

『東京大学東洋文化研究所』(web)

[PDF] デリー地下鉄路線図 http://machigotopub.com/pdf/delhimetro.pdf

[PDF] デリー空港案内 http://machigotopub.com/pdf/delhiairport.pdf

まちごとパブリッシングの旅行ガイド

Machigoto INDIA , Machigoto ASIA , Machigoto CHINA

【北インド - まちごとインド】

001 はじめての北インド
002 はじめてのデリー
003 オールド・デリー
004 ニュー・デリー
005 南デリー
012 アーグラ
013 ファテープル・シークリー
014 バラナシ
015 サールナート
022 カージュラホ
032 アムリトサル

【西インド - まちごとインド】

001 はじめてのラジャスタン
002 ジャイプル
003 ジョードプル
004 ジャイサルメール
005 ウダイプル
006 アジメール（プシュカル）
007 ビカネール
008 シェカワティ
011 はじめてのマハラシュトラ
012 ムンバイ
013 プネー
014 アウランガバード
015 エローラ
016 アジャンタ
021 はじめてのグジャラート
022 アーメダバード
023 ヴァドダラー（チャンパネール）

024 ブジ（カッチ地方）

【東インド - まちごとインド】

002 コルカタ
012 ブッダガヤ

【南インド - まちごとインド】

001 はじめてのタミルナードゥ
002 チェンナイ
003 カーンチプラム
004 マハーバリプラム
005 タンジャヴール
006 クンバコナムとカーヴェリー・デルタ
007 ティルチラパッリ
008 マドゥライ
009 ラーメシュワラム
010 カニャークマリ
021 はじめてのケーララ
022 ティルヴァナンタプラム
023 バックウォーター（コッラム〜アラップーザ）
024 コーチ（コーチン）
025 トリシュール

【ネパール - まちごとアジア】

001 はじめてのカトマンズ
002 カトマンズ
003 スワヤンブナート

004 パタン
005 バクタプル
006 ポカラ
007 ルンビニ
008 チトワン国立公園

【バングラデシュ - まちごとアジア】

001 はじめてのバングラデシュ
002 ダッカ
003 バゲルハット（クルナ）
004 シュンドルボン
005 プティア
006 モハスタン（ボグラ）
007 パハルプール

【パキスタン - まちごとアジア】

002 フンザ
003 ギルギット（KKH）
004 ラホール
005 ハラッパ
006 ムルタン

【イラン - まちごとアジア】

001 はじめてのイラン
002 テヘラン
003 イスファハン
004 シーラーズ
005 ペルセポリス
006 パサルガダエ（ナグシェ・ロスタム）
007 ヤズド
008 チョガ・ザンビル（アフヴァーズ）
009 タブリーズ
010 アルダビール

【北京 - まちごとチャイナ】

001 はじめての北京
002 故宮（天安門広場）
003 胡同と旧皇城
004 天壇と旧崇文区
005 瑠璃廠と旧宣武区
006 王府井と市街東部
007 北京動物園と市街西部
008 頤和園と西山
009 盧溝橋と周口店
010 万里の長城と明十三陵

【天津 - まちごとチャイナ】

001 はじめての天津
002 天津市街
003 浜海新区と市街南部
004 薊県と清東陵

【上海 - まちごとチャイナ】

001 はじめての上海
002 浦東新区
003 外灘と南京東路
004 淮海路と市街西部
005 虹口と市街北部
006 上海郊外（龍華・七宝・松江・嘉定）
007 水郷地帯（朱家角・周荘・同里・甪直）

【河北省 - まちごとチャイナ】

001 はじめての河北省
002 石家荘
003 秦皇島
004 承徳
005 張家口
006 保定
007 邯鄲

【江蘇省 - まちごとチャイナ】

001 はじめての江蘇省
002 はじめての蘇州
003 蘇州旧城
004 蘇州郊外と開発区
005 無錫
006 揚州
007 鎮江
008 はじめての南京
009 南京旧城
010 南京紫金山と下関
011 雨花台と南京郊外・開発区
012 徐州

【浙江省 - まちごとチャイナ】

001 はじめての浙江省
002 はじめての杭州
003 西湖と山林杭州
004 杭州旧城と開発区
005 紹興
006 はじめての寧波
007 寧波旧城
008 寧波郊外と開発区
009 普陀山
010 天台山
011 温州

【福建省 - まちごとチャイナ】

001 はじめての福建省
002 はじめての福州
003 福州旧城
004 福州郊外と開発区
005 武夷山
006 泉州
007 廈門
008 客家土楼

【広東省 - まちごとチャイナ】

001 はじめての広東省
002 はじめての広州
003 広州古城
004 天河と広州郊外
005 深圳(深セン)
006 東莞
007 開平(江門)
008 韶関
009 はじめての潮汕
010 潮州
011 汕頭

【遼寧省 - まちごとチャイナ】

001 はじめての遼寧省
002 はじめての大連
003 大連市街
004 旅順
005 金州新区

006 はじめての瀋陽
007 瀋陽故宮と旧市街
008 瀋陽駅と市街地
009 北陵と瀋陽郊外
010 撫順

【重慶 - まちごとチャイナ】

001 はじめての重慶
002 重慶市街
003 三峡下り（重慶〜宜昌）
004 大足

【香港 - まちごとチャイナ】

001 はじめての香港
002 中環と香港島北岸
003 上環と香港島南岸
004 尖沙咀と九龍市街
005 九龍城と九龍郊外
006 新界
007 ランタオ島と島嶼部

【マカオ - まちごとチャイナ】

001 はじめてのマカオ
002 セナド広場とマカオ中心部
003 媽閣廟とマカオ半島南部
004 東望洋山とマカオ半島北部
005 新口岸とタイパ・コロアン

【Juo-Mujin（電子書籍のみ）】

Juo-Mujin 香港縦横無尽
Juo-Mujin 北京縦横無尽
Juo-Mujin 上海縦横無尽

【自力旅游中国 Tabisuru CHINA】

001 バスに揺られて「自力で長城」
002 バスに揺られて「自力で石家荘」
003 バスに揺られて「自力で承徳」
004 船に揺られて「自力で普陀山」
005 バスに揺られて「自力で天台山」
006 バスに揺られて「自力で秦皇島」
007 バスに揺られて「自力で張家口」
008 バスに揺られて「自力で邯鄲」
009 バスに揺られて「自力で保定」
010 バスに揺られて「自力で清東陵」
011 バスに揺られて「自力で潮州」
012 バスに揺られて「自力で汕頭」
013 バスに揺られて「自力で温州」

【車輪はつばさ】
南インドのアイラヴァテシュワラ寺院には建築本体に車輪がついていて寺院に乗った神さまが人びとの想いを運ぶと言います。

- 本書はオンデマンド印刷で作成されています。
- 本書の内容に関するご意見、お問い合わせは、発行元のまちごとパブリッシング info@machigotopub.com までお願いします。

まちごとインド
北インド004ニュー・デリー
~15億人へ向かう「インドの首都」[モノクロノートブック版]

2017年11月14日　発行

著　者	「アジア城市（まち）案内」制作委員会
発行者	赤松　耕次
発行所	まちごとパブリッシング株式会社 〒181-0013　東京都三鷹市下連雀4-4-36 URL http://www.machigotopub.com/
発売元	株式会社デジタルパブリッシングサービス 〒162-0812　東京都新宿区西五軒町11-13 清水ビル3F
印刷・製本	株式会社デジタルパブリッシングサービス URL http://www.d-pub.co.jp/

MP004

ISBN978-4-86143-138-8 C0326　　　　Printed in Japan
本書の無断複製複写（コピー）は、著作権法上での例外を除き、禁じられています。